# DE LA NATURALISATION

## EN FRANCE ET EN ALGÉRIE

DE

## PLUSIEURS PLANTES TEXTILES

ORIGINAIRES DE LA CHINE,

## ET DE L'APPLICATION DES PROCÉDÉS CHINOIS

A LA PRÉPARATION DES FILASSES ;

### Par M. Jules ITIER,

Membre de la Société d'Agriculture du département de l'Hérault.

MONTPELLIER,

TYPOGRAPHIE DE PIERRE GROLLIER, IMPRIMEUR DE LA SOCIÉTÉ D'AGRICULTURE,

RUE BLANQUERIE.

1851.

# DE LA NATURALISATION

## EN FRANCE ET EN ALGÉRIE

DE PLUSIEURS PLANTES TEXTILES ORIGINAIRES DE LA
CHINE, ET DE L'APPLICATION DES PROCÉDÉS CHINOIS
A LA PRÉPARATION DE LA FILASSE.

Nous avons rapporté de la Chine, en 1846, les graines
de quelques plantes textiles avec lesquelles les Chinois,
les Cochinchinois et les Japonais fabriquent divers tis-
sus dont la beauté le dispute à la solidité, et que les
qualités supérieures de leurs filasses ont déjà fait connaître sur les marchés de Londres et du nord de l'Europe. Ces plantes, désignées en Chine sous le nom généri-
que de *Mâ*, ont été l'objet d'une mention dans un ouvrage
que nous avons publié, à notre retour de la Chine (1).
Nous avons cru devoir y donner les procédés usités
dans l'extrême Orient pour la culture de ces plantes et
la préparation de leurs filasses, dans l'espérance que
quelques agronomes se lanceraient dans la voie des
expériences à faire pour enrichir l'agriculture et l'industrie de ces nouveaux produits; nous avions à cet
effet distribué dans plusieurs départements, les graines

_______________

(1) *Journal d'un voyage en Chine*, en 1843, 1844, 1845, 1846;
par M. J. Itier  2 volumes. — Chez Dauvin et Fontaine, édi-
teurs; Galerie de la Bourse, 1, à Paris.

rapportées par nous; mais les essais de culture n'ayant
pas été généralement suivis avec soin et persévérance,
nous avons dû poursuivre nous-même l'œuvre que
nous avions commencée par l'importation des graines.

Les plantes dont nous nous proposons d'entretenir
ici nos lecteurs, sont : le Lo-Mà *(Cannabis gigantea)*,
le Tsing-Mà *(Corchorus textilis)* et le Chou-Mà *(Urtica
nivea)*; nous parlerons aussi du lin, à l'occasion de la
préparation de sa filasse par la méthode chinoise.

*Historique.* Nos premières expériences datent de
1847; convaincu, dès cette époque, de la nécessité de
nous occuper nous-même de la culture de ces plantes,
nous semâmes, dans deux jardins des environs de Marseille, quelques graines de Lo-Mà et de Tsing-Mà que
nous avions heureusement conservées. Ces plantes par-
coururent avec régularité les diverses phases de leur
végétation, mais ne fournirent que peu de graines, en
raison du retard apporté au semis que nous ne pûmes
faire que le 1er mai.

L'année suivante, c'est-à-dire en 1848, des semis
plus importants eurent lieu simultanément à Marseille et au Jardin botanique de Montpellier, à la fin
de mars, partie avec des graines récoltées en 1847,
partie avec des graines qui nous restaient encore de
celles que nous avions rapportées de la Chine; elles
réussirent complétement l'une et l'autre sur ces deux
points.

Confié, à Marseille, aux soins de M. Garnier-Savatier, et soumis au procédé d'irrigation souterraine de

cet horticulteur, le semis de Lo-Mà *(Cannabis)* réussit admirablement; plusieurs plantes dépassèrent 7 mètres en hauteur, la majeure partie atteignit 5 mètres 1|2, et la grosseur de plusieurs tiges, à 10 centimètres du sol, présentait jusqu'à 26 centimètres de circonférence ; disons, toutefois, que ce développement phénoménal devait être attribué autant au genre particulier d'irrigation, qu'au soin qu'on eut de placer ces plantes à 60 centimètres environ les unes des autres, afin d'obtenir le plus possible de graines, dont il importait avant tout d'assurer la reproduction. Nous pûmes ainsi récolter, vers la fin d'octobre, une livre de graine d'excellente qualité, et qui fut présentée, avec plusieurs tiges de Lo-Mà, à la Société d'Agriculture de l'Hérault, dans sa séance du 5 février 1849.

Quant aux essais de culture faits à Montpellier, objet des soins de M. Soulié, jardinier en chef de l'École de Botanique, ils réussirent aussi parfaitement ; les quelques graines de Lo-Mà, que nous lui avions remises, avaient été confiées à la terre, à la fin de mars, et nous récoltâmes encore, sur plusieurs tiges qui avaient atteint environ 5 à 6 mètres de hauteur, une certaine quantité de graines que nous étions parvenus à soustraire à l'avidité des oiseaux.

Le Tsing-Mà *( Corchorus textilis )* avait aussi bien réussi à Marseille qu'au Jardin botanique de Montpellier, et fourni une quantité de graine suffisante pour nous permettre de donner, l'année suivante, plus d'extension à sa culture; c'était alors le but auquel devaient tendre tous nos efforts. Enfin, le Chou-Mà *(Urtica*

*niveu)* cultivé également avec succès au Jardin botanique de l'École de Médecine, y était devenu une plante
pérenne poussant chaque année des tiges droites, lon-
gues de 5 à 6 pieds, portant des feuilles dentelées,
vertes en dessus et blanc d'argent en dessous, et des
graines en grappes violettes et brunes; mais on n'en
avait pas jusqu'à ce jour extrait la filasse.

*Culture de Lo-Má ( Cannabis gigantea ).* L'année 1849
étant régardée par nous comme devant donner la solu-
tion de la question de naturalisation de ces plantes,
nous avions pris en temps utile nos dispositions pour multiplier nos essais et faire varier les circonstances dans lesquelles ils devaient avoir lieu ; MM. Guiraud de S^t-Marsal
et Companyo, de Perpignan, devaient avoir bien voulu
se charger, en 1849, de la direction de la culture de
Lo-Mà dans les Pyrénées-Orientales. Dans le département de l'Hérault, MM. Vialars et Marès avaient eu
l'obligeance de nous founir un certain espace de terrain, le premier, à Castelnau ; le second, sous les murs
de la citadelle de Montpellier. Le directeur du Jardin
botanique, M. Delile, avait bien voulu mettre à notre
disposition un are de terre environ, au Jardin botanique de la Faculté de médecine ; M. de Cambis avait
consacré, à Montpellier, une plate-bande de son jardin
à cette culture ; M. Garnier-Savatier s'était chargé de
continuer, dans les Bouches-du-Rhône, les expériences
qu'il avait si bien dirigées l'année précédente, et M. le
docteur de Lavit avait aussi semé du Lo-Mà dans son
jardin, à Marseille ; enfin, M. de Salamon, dans les
Basses-Alpes, et quelques-uns de nos amis, dans les

Hautes-Alpes, avaient entrepris des essais de culture dans des situations très-variées. Nous allons rendre compte le plus succinctement possible de ces diverses expériences. Nous commencerons par celles que nous avons personnellement dirigées dans le département de l'Hérault, comme étant les plus complètes.

Il n'échappera pas aux personnes qui connaissent la situation des quatre points du territoire de Montpellier, choisis pour nos essais, que chacun d'eux offrait une exposition particulière propre à marquer son influence sur les résultats poursuivis. Les semis ont d'ailleurs eu lieu vers la même époque, c'est-à-dire dans la seconde quinzaine de mars, et nous y avons employé, à Castelnau, de la graine de 1847, et, sur les autre points, de la graine de 1848. L'une et l'autre ont parfaitement levé et donné des résultats identiques.

Confiée aux soins intelligents de l'habile jardinier de M. Vialars, le sieur Louvet, la culture entreprise à Castelnau, est sans contredit celle qui a offert les résultat les plus importants à constater. Le terrain avait été bien préparé à la bêche, sans engrais, mais sur une ancienne fumure pour jardinage ; la graine a été répandue très-également à la main, de telle sorte que les plants se sont trouvés à la distance les uns des auautres d'environ 10 à 15 centimètres. Hors de terre et déjà hauts d'à peu près 15 centimètres, ils ont eu à supporter les gelées tardives de la première quinzaine d'avril, qui ont fait baisser le thermomètre à 4° au-dessous de zéro ; ils ont parfaitement résisté à ce froid ;

on leur a donné deux arrosages dans le cours de la saison qui, cette année, a été fort sèche, comme on sait. Dans la première quinzaine de septembre, les mâles épanouissaient leurs fleurs, qui ne tardèrent pas à se flétrir, après toutefois avoir fécondé les fleurs femelles. On arracha les premiers en octobre pour procéder à la préparation de la filasse, laissant sur pied, jusques dans les premiers jours de novembre, les tiges femelles. Ce n'est qu'à cette époque que le degré de mâturité de la graine permit d'achever la récolte du Lo-Mà. Les bouquets de graines séparés des tiges au moyen d'un sécateur furent placés dans une grande benne et abandonnés à eux-mêmes pendant huit jours ; il s'établit une légère fermentation dont on eut soin de modérer l'effet en brassant un peu chaque jour la masse et en l'aérant, ce qui favorisa au plus haut point la maturation de la graine, dont le rendement a été de 14 kilogrammes pour 50 centiares ; ce qui donnerait à l'hectare, 2,800 kilog.

Le Lo-Mà a atteint dans cette expérience une hauteur moyenne de 5 mètres ; à un décimètre au-dessus du collet de la racine les tiges présentaient de 4 à 6 centimètres de circonférence ; dépourvues de branches latérales à la partie basse et moyenne, elles en offraient quelques petites au sommet. Quoique lisse, l'écorce des plus grosses tiges, celles dont un plus grand écartement avait trop favorisé le développement, laissaient à désirer sous le rapport de la finesse de la fibre ; mais les tiges les plus minces ont donné une filasse fine et susceptible d'être employée dans le tissage ;

le rendement obtenu sur 50 centiares a été de 14 kil<sup>es</sup> de filasse, ce qui donnerait à l'hectare 2,800 kil<sup>es</sup>, s'il était permis de conclure d'une culture en petit à une culture en grand. Nous dirons plus loin par quels moyens nous avons obtenu cette filasse.

La culture du Lo-Mà, sur les terres de M. Marès, a présenté des résultats analogues ; 30 centiares d'une terre assez forte et peu fumée ont été ensemencés à la main, à la fin de mars, avec de la graine récoltée à Montpellier en 1848 ; le Lo-Mà a atteint une hauteur moyenne de 5 mètres ; mais, comme le semis était moins dru que celui de Castelnau, la plupart des plants ont atteint 5 à 8 centimètres de diamètre à leur base. La filasse obtenue était plus commune et seulement bonne pour la corderie ordinaire ; la graine a été mûre huit jours plus tôt qu'à Castelnau ; les mêmes précautions n'ayant pas d'ailleurs été prises pour assurer la maturité de toute la graine, il en a été beaucoup perdu.

Les plants de Lo-Mà, cultivés par M. de Cambis, avaient atteint, par suite de la grande distance à laquelle ils avaient été semés les uns des autres, de fortes dimensions en hauteur et en grosseur, qui devaient nécessairement nuire à la qualité de la filasse ; chaque pied était d'ailleurs garni latéralement de fortes branches. Aussi, l'importance de cet essai est-elle surtout dans la multiplication de la graine qui, semée au commencement de mars, était mûre dans les premiers jours de novembre et a donné des produits forts abondants.

Au Jardin botanique, la culture du Lo-Mà a eu principalement pour but la multiplication de la graine, ce qui ne saurait avoir lieu , ainsi que nous l'avons déjà expliqué . qu'aux dépens de la qualité de la filasse , puisque l'écartement des plants , en favorisant leur développement , nuit à la finesse de la fibre végétale ; aussi, il est des pieds de Lo-Mà qui ont atteint jusqu'à 6 mètres de hauteur et 18 centimètres de circonférence. Ils étaient d'ailleurs tous plus au moins garnis de fortes branches qui rendaient très-difficile l'extraction de la filasse (1).

Dans les Bouches-du-Rhône , la culture du Lo-Mà a été dirigée surtout dans le but de multiplier la graine récoltée en 1848 , c'est-à-dire qu'on a espacé les plants de manière à favoriser leur développement aux dépens de la finesse de la fibre corticale. Ce but a été complétement atteint. Ainsi, M. Garnier–Savatier a obtenu des tiges très-branchues et de six mètres de hauteur, chargées de graines, qui ont été mûres dans les derniers jours d'octobre. Les graines du Lo-Mà, cultivé par M. le docteur de Lavit, ont été mûres dans les premiers jours de novembre.

---

(1) On a profité de la culture du Lo-Mà pour faire des essais comparatifs sur l'influence du mode d'irrigation ; ainsi , les deux carrés en culture avaient été soumis, l'un à l'irrigation souterraine , l'autre à l'irrigation ordinaire par la surface ; dans les commencements, l'action de l'irrigation souterraine a été très-marquée; elle s'est beaucoup effacée ensuite. Toutefois les plants les plus forts, les plus hauts, et qui ont donné les premières graines, appartiennent au carré arrosé souterrainement ; ce mode n'a d'ailleurs pas été assez bien pratiqué pour donner des résultats décisifs.

Voici en quels termes M. Companyo , directeur du Musée d'histoire naturelle de Perpignan , rend compte de ses essais de culture du Lo-Mà :

« Les graines du Lo-Mà furent semées le 4 avril
« dernier, à 30 centimètres de distance , en ligne, dans
« un terrrain bon , bien préparé et fumé ; dans huit
« jours toutes les graines avaient levés. Malgré toutes
« les précautions que je pris pour préserver ce jeune
« semis, dans une nuit les insectes détruisirent plu-
« sieurs de ces plantes ; la végétation a été un peu lente
« pendant le mois d'avril , je l'attribue au temps froid
« et variable que nous avons eu pendant ce mois. A
« la fin du mois je fis donner un travail, à la bêche, aux
« plantes; elles s'étaient élevées alors à 25 centimètres,
« avaient beaucoup grossi de la tige et elles parais-
« saient fortes. — *Mois de mai :* — La saison deve-
« nant plus favorable aux plantes , elles poussèrent avec
« plus d'activité, les tiges se ramifièrent et tout pa-
« raissait être disposé à un grand développement ; je
« fis butter la terre contre les plantes et les fis arro-
« ser tous les huit jours par irrigation. A la fin de
« mai les plantes s'étaient élevées à un mètre. —
« *Juin :* — Je fis sarcler les plantes avec précaution
« pour ne pas porter préjudice au chevelu des racines,
« la végétation parut plus active, les plantes avaient
« pris 2 mètres de hauteur en se ramifiant toujours et
« en grossissant considérablement des tiges. — *Juillet :*
« — Ce mois a présenté un phénomène admirable de
« végétation ; dans 24 heures , les plantes poussaient
« 6 à 7 centimètres, et cette croissance rapide a duré

« jusqu'à la fin du mois, de sorte que les plantes
« avaient acquis 5 mètres de hauteur, et elles restè-
« rent alors stationnaires, ou leur élévation fut peu
« sensible. — *Août :* — La première quinzaine, les
« plantes restèrent stationnaires ; elles grossirent ce-
« pendant des tiges, les branches se développèrent et,
« vers le 20, commencèrent à paraître les boutons à
« fleurs des plantes mâles ; elles furent en floraison
« complète à la fin du mois. — *Septembre :* — Dans
« les premiers jours de ce mois, les boutons à graine
« des plantes femelles commencèrent à se développer,
« et les fleurs plantes mâles se flétrirent aussitôt ; à la
« fin du mois, je fis arracher les tiges des plantes qui
« commençaient à se dessécher. — *Octobre :* — Vers
« la fin de ce mois, la cîme des plantes, avec leurs
« flexibles rameaux, se courbaient sous le poids de la
« graine, ce qui donnait un coup-d'œil très-agréable ;
» à la fin du mois, les graines étaient mûres. Je fis
« alors arracher le chanvre pour en faire la récolte,
« je fis faire un faisceau garni tout autour de paille,
« d'une épaisseur de 10 à 12 centimètres, que je fis
« lier et enterrer, ainsi confectionné, afin que la graine
« finit de mûrir. Dix jours après, je le fis retirer de la
« terre, et récoltai la graine qui a été parfaitement
« mûre et bien nourrie ; une élévation de 5 mètres et
« demi et une circonférence de 20 centimètres à beau-
« coup de tiges feront comprendre que ce chanvre ne
« peut se prêter au rouissage par les moyens usités
« pour notre chanvre. »

M. de Salamon, à Thèze (Basses-Alpes), a également réussi dans la culture du Lo-Mà, qui a atteint une grande hauteur ; mais les tiges ayant été très-espacées sont devenues branchues, ce qui a dù nuire à la qualité de la filasse qu'il a obtenue.

Les essais faits dans le département des Hautes-Alpes ont prouvé que le Lo-Mà y pourrait acquérir un fort beau développement et y être cultivé avec succès. Les graines de 1848 y ont levé, et la plante a atteint de grandes dimensions ; mais, surprise par les froids précoces, la graine n'a pas eu le temps de mùrir.

*Culture du Tsing-Mà (Corchorus textilis).* Nos essais de culture du Tsing-Mà n'ont pas reçu autant d'extension qu'à l'égard du Lo-Mà, en raison du peu de graine obtenue en 1847 et 1848, et des conditions de température que réclame cette plante ; toutefois les résultats que nous avons obtenus, nous permettent de considérer, dès à présent, cette plante si précieuse, comme complétement naturalisée dans le midi de la France.

La graine de Tsing-Mà que nous avions remise à M. le professeur Delile, à notre retour en France en 1846, a été cultivée en petit, mais avec succès par lui, au Jardin botanique de Montpellier, en 1846, 1847 et 1848; elle a fructifié chacune de ces années, et a donné, en 1848, une récolte assez abondante pour fournir à nos principales expériences en 1849; toutefois, quelques essais ont aussi eu lieu avec de la graine de Tsing-Mà récoltée en 1847 dans le territoire de Marseille ; nous les décrivons ci-après.

Semé le 1er avril au jardin botanique de Montpellier, par les soins de M. Soulié, jardinier en chef, le
Tsing-Mà était hors de terre au bout de huit jours et
avait atteint, vers le 30 avril, 1 décimètre de hauteur ;
il eut, à cette époque, à supporter l'effet des gelées
tardives qui firent, cette année là, tant de mal aux
vignes du Languedoc ; après avoir langui quelque temps
sous l'influence malfaisante du froid, il reprit bientôt,
se développa avec une grande vigueur, et commença à
montrer sa petite fleur jaune dans les premiers jours
d'août, plusieurs de ses tiges avaient alors atteint 1
mètre 75 centimètres ; mais comme elles avaient été
très-espacées dans un but de multiplication de la graine,
elles étaient très-branchues ; les gousses séminifères à
6 lobes ne tardèrent pas à pointer. Vers le 15 septembre nous commençâmes à recueillir de la graine à
parfaite maturité ; la maturation de la graine se pour-
suivit cependant jusqu'à la fin d'octobre ; la récolte
totale que nous en fîmes peut être évaluée à une livre.
Nous reviendrons plus loin sur nos essais relativement
à la filasse de ce Tsing-Mà.

De la graine de Tsing-Mà récoltée en 1847, à Marseille et confiée à M. Louvet, jardinier, à Castelnau,
a également réussi.

L'essai de culture du Tsing-Mâ fait dans le territoire
de Marseille a présenté les résultats les plus intéressants,
surtout au point de vue de la filasse, parce que nous
avons eu soin de faire un semis assez dru pour prévenir
le développement des branches latérales de ces plantes ;
aussi la tige, qui avait atteint 1 mètre 20 centimètres,

était-elle mince et élancée , et sa partie corticale parfaitement lisse et fine promettait - elle une filasse d'une grande finesse dont nous nous occuperons plus loin.

M. Companyo nous a fait connaître, sous la date du 2 janvier , que ses essais de culture du Tsing-Mà n'avaient pas aussi bien réussi que ceux du Lo-Mà. Son Tsing-Mà est resté 6 à 7 mois en terre ; dans ce laps de temps la plante a atteint jusqu'à 2 mètres 50 centi- mètres de hauteur, bien que garnie de branches laté- rales nombreuses et fortes par suite de l'écartement des plants , elle a donné une filasse assez fine dont il nous a envoyé un échantillon et qui est propre à la fabrication de la batiste. La récolte des graines a été fort abondante eu égard au petit nombre de plants qui étaient sortis de terre dans le semis fait par M. Companyo.

Après avoir fait connaître le résultat de nos essais en ce qui concerne la culture de ces plantes textiles, il nous reste à rendre compte des nombreuses expériences qui ont été faites par nous , pour obtenir leurs filasses , ainsi que celles du Chou-Mà *( Urtica nivea )* et du lin. L'*Urtica nivea* que nous avons traitée est celle qui avait été cultivée au jardin botanique de Montpellier, où elle n'a pu se reproduire que par boutures, sa graine y étant inféconde comme en Chine , où cette plante a tout à fait perdu la faculté de donner de la semence , par suite de l'usage séculaire, de ne la propager que par boutures ; nous avons eu , au surplus , l'occasion de si- gnaler un effet de la même cause sur l'espèce d'indigotier cultivé à Java sous le nom de *Taroum-Combang*, indigo de fleur (1).

Quant au lin qui a été l'objet de nos essais, il a été obtenu dans les terrains un peu salés de la Camargue dépendants de la vaste et belle exploitation des rizières du château d'Avignon. Sa culture placée, sous ce rapport, dans les mêmes conditions qu'en Zélande, paraît devoir, grâces au climat, y bien mieux réussir, si l'on en juge par l'abondance et la nature des produits obtenus ; ainsi la hauteur moyenne du lin dépassait un mètre.

*Procédé de préparation des filasses.* Trois modes de préparations ont été mis en pratique pour l'extraction de la partie filamenteuse des plantes textiles dont il s'agit ; la méthode chinoise par la vapeur, la méthode européenne par le rouissage et la méthode mixte, c'est-à-dire participant des deux premières.

La méthode chinoise consiste à soumettre pendant plusieurs heures à un bain de vapeur portée à la température de 100 et quelques degrés, les tiges dont on veut extraire la matière textile ; pour cela on dispose, sur un fourneau en maçonnerie, une large bassine en en tôle, dont on exhausse verticalement les bords, au moyen d'une claie d'osier cylindrique, espèce de grand gabion de 2 mètres 50 centimètres de hauteur, sur un mètre de diamètre, garni intérieurement et extérieurement de terre grasse destinée à contenir la va-

---

(1) Voir page 321, du tome II, du *Journal d'un voyage en Chine*, par M. Itier.

peur (1). La bassine ayant été remplie d'eau , on place au-dessus de la surface de cette eau, et verticalement, les plantes textiles réunies en bottes et reposant sur un treillage à jour qui empêche la plante de baigner dans l'eau ; on ferme la partie supérieure de l'appareil avec un rond en osier soigneusement garni comme le cylindre, de terre grasse et bien luté à ce cylindre , et l'on porte à l'ébullition l'eau de la chaudière ; la vapeur ne tarde pas à se répandre dans l'intérieur du cylindre d'osier et à dissoudre la matière mucilagineuse qui unit la partie corticale de la plante à la partie ligneuse , laquelle s'en sépare alors aisément ; on fait sécher , puis on racle cette écorce avec un couteau pour en séparer la matière fibreuse ; on bat cette dernière , afin de l'assouplir, et enfin, on en divise les filaments d'abord avec les doigts, ensuite avec un peigne métallique.

Je crois devoir me borner à relater, parmi un grand nombre d'essais , les suivants :

ESSAIS SUR LE LO-MA. Un Lo-Mà récolté le 29 septembre 1849 et soumis le 25 , pendant six heures , à l'action de la vapeur , puis mis à tremper pendant 18 heures dans l'eau froide et décortiqué à la main au sortir de cette eau , a donné des fibres qui se sont raidies et durcies en séchant ; mais qui, sous l'action du battoir en bois, se sont un peu assouplies et ont pu

----

(1) Dans le fourneau-étuve dont nous avons fait usage dans nos expériences , nous avions remplacé la claie cylindrique d'osier par de grandes briques placées de champ les uns sur les autres et liées ensemble par de la terre grasse.

être peignées. La filasse obtenue était grossière et raide ; elle a offert généralement une ténacité égale, sinon supérieure à celle du chanvre traité par le rouissage ; résultat analogue à celui obtenu en Chine, où les toiles de Lo-Mà sont extrêmement raides et fortes, mais ont des dispositions à se couper.

Une autre partie du même Lo-Mà traitée d'abord pendant 5 heures à la vapeur, puis mise à tremper pendant quatre jours et tillée à sec à la main, a donné une filasse moins grossière qui présentait un état de souplesse intermédiaire entre celle procurée par le procédé ci-dessus et la filasse obtenue par le rouissage.

Enfin, le Lo-Mà récolté à Castelnau et dont les tiges avaient acquis en moyenne 5 mètres de hauteur sur 15 millimètres de diamètre, soumis au rouissage pendant 7 jours, a donné une filasse supérieure en finesse et en souplesse aux précédentes, à peu près égale en force aux bonnes qualités de Russie.

Essais sur le Tsing-Ma. Le Tsing-Mà semé à la fin d'avril au jardin botanique de Montpellier et repiqué à 40 centimètres d'intervalle, dans l'intention d'obtenir plus de graine, a acquis une moyenne de 1 mètre de hauteur et de 15 millimètres de diamètre. La tige était garnie de branches dans toute sa longueur. Coupé le 25 septembre et mis à rouir le 26 jusqu'au 15 octobre, puis décortiqué en sortant de l'eau, il a fourni, au battage, une filasse fine et brillante d'aspect soyeux, tenace, et susceptible d'un emploi très-avantageux dans le tissage.

Le même Tsing-Mà semé dru et dont les tiges étaient par conséquent plus fines , plus élancées , a été récolté à la fin d'août et soumis immédiatement à la vapeur , séché et mis à tremper dans l'eau pendant 24 heures, puis décortiqué au sortir de cette eau ; la filasse obtenue rappelle , par sa finesse et sa raideur, celle que les Chinois emploient dans la batiste de Canton.

Dans le Tsing-Mà , les filaments de la matière corticale se séparent si aisément qu'il suffit quelquefois de froisser fortement dans les mains cette matière corticale sans autre préparation pour obtenir la filasse , seulement elle a la raideur du crin.

Essai sur le Chou-Ma. La rapidité avec laquelle repousse l'*Urtica nivea* , nous a permis de faire jusqu'à 3 coupes dans l'année : la première , à la fin de juin ; la deuxième , à la fin d'août , et la troisième , en fin d'octobre. Ces produits ont été traités ·

1° Par la méthode chinoise; on a, à cet effet, soumis l'*Urtica nivea* à la vapeur pendant 6 heures , puis mis à tremper dans l'eau froide pendant 48 heures et décortiqué au sortir de l'eau. On a obtenu une filasse toujours assez grossière et qui avait peu de ténacité. Cette expérience, qui n'a pas donné de bons résultats , demanderait à être renouvelée

2° Par la méthode du rouissage ; les tiges d'*Urtica* ont été immergées dans un bassin pendant 7 jours et décortiquées ou sortir de l'eau. Les tiges de deuxième pousse ont donné les meilleurs produits , consistant en une filasse légèrement cotonneuse , susceptible d'acquérir une grande finesse tout en conservant de la ténacité.

Essai sur le Lin. — 1<sup>re</sup> *Expérience.* — Soumis pendant 6 heures au procédé chinois, le lin a été, au sortir de la chaudière, étendu pour sécher, puis il a été brayé à sec, et a donné une filasse d'une teinte roussâtre, un peu raide et surtout d'une ténacité telle, qu'une corde d'un centimètre de diamètre a supporté, sans se rompre, un poids de 100 kil.

Le même lin, sur lequel on avait prolongé pendant 7 heures l'action de la vapeur, s'est *brayé* plus aisément tout en conservant sa précieuse qualité de ténacité. Il est à remarquer que, dans l'une comme dans l'autre expérience, le déchet en filaments textiles dans l'opération du *brayage* est tout à fait nulle, et que le peignage aussi n'a presque pas donné d'étoupes et conséquemment de perte.

2<sup>e</sup> *Expérience.* — Traitée par la méthode mixte, c'est-à-dire exposé d'abord pendant cinq heures à la vapeur, puis mis à tremper pendant 60 heures dans l'eau froide, séché au sortir de l'eau et *brayé*, le lin a donné une filasse toujours très-tenace, mais souple, d'une teinte plus uniforme se rapprochant du gris ; la perte en matière textile a, dans les opérations du *brayage* et du peignage, été très-faible. Cette expérience a donc présenté des résultats fort satisfaisants.

3<sup>me</sup> *Expérience.* — Le lin a été traité par le rouissage ordinaire ; le traitement a eu lieu en été et a duré

6 jours. La filasse obtenue était très-soyeuse, souple, fine, d'une teinte claire ; mais elle présentait infiniment moins de ténacité que celle obtenue par le procédé chinois, et elle a perdu 50 p. 100 par le *brayage* et le peignage.

Les échantillons des plantes dont il est question et de leurs produits variés obtenus par les divers procédés de préparation décrits plus haut, ont été mis sous les yeux de la Société centrale d'Agriculture de l'Hérault, qui a décidé, dans sa séance du 18 mars 1850, que l'exposition des faits d'écrits dans ce mémoire serait imprimée dans son Bulletin. Des retards, dans l'impression de ce Bulletin permettent d'ajouter ici les résultats des cultures faites en 1850 et les enseignements qu'ils ont apportés.

Le Lo-Mà a été cultivé de nouveau à Castelnau en 1850, par les soins du jardinier de M. Viallars, M. Louvet, dans une terre argilo-ferrugineuse, froide et sèche, de très-médiocre qualité, non fumée cette année, mais qui devait avoir conservé quelque chose des fumures ordinaires antérieures ; la graine, semée dru le 1er avril, a bien levé, et, bien que la plante n'ait *jamais* été arrosée et que la sécheresse cette année ait été excessive, puisqu'elle a porté préjudice a plusieurs récoltes, le Lo-Mà a atteint une hauteur moyenne de 3 mètres et demi ; ses tiges n'étaient point embarrassées de branches latérales et leur écorce lisse a donné au rouissage, par la méthode ordinaire, une filasse fine de belle et bonne qualité. Les froids précoces du mois d'octobre et sans doute aussi la sécheresse excessive, ont retardé la maturation de la graine, qui n'a eu lieu qu'à la mi-novembre. Sur une surface de 100 mètres carrés, le rendement a été de 30 kilogrammes de filaments, ce qui donne 3,600 kilogrammes à l'hectare.

La culture du Lo-Mà sur les divers points des environs de Montpellier, n'a pas donné de résultats aussi satisfaisants, non que la plante n'y ait acquis partout son développement normal et que là où elle a été semée dru, elle n'ait fourni de belle filasse, mais la graine obtenue a été fort peu abondante et est devenue en grande partie la proie des oiseaux, surtout des chardonnerets, qui en sont très-friands.

Nous avons cultivé en 1850 le Lo-Mà sur une assez grande surface, à Véras, arrond$^t$ de Gap (Hautes-Alpes); la terre choisie pour cette expérience est de qualité médiocre, elle avait été très-légèrement fumée. La graine semée assez dru le 1$^{er}$ avril, est bien sortie, et, quoique les insectes aient détruit un assez grand nombre de plantes à leur début, le semis a prospéré ; ou ne l'a point arrosé dans le cours de l'année. Au mois d'octobre, époque à laquelle on a arraché le chanvre, les tiges mâles étaient en fleur, mais les fleurs des tiges femelles ne marquaient pas encore; il n'y a donc pas eu espoir de récolte de graine. Les tiges avaient atteint une hauteur moyenne de 3 mètres 50 centimètres, triple de celle du chanvre du pays et ont donné une filasse de bonne qualité.

En Alsace, M. Zubër a cultivé le Lo-Mà en 1849 et 1850. Il résulte du compte qu'il vient de rendre à la société d'Agriculture de l'Hérault, des résultats qu'il a obtenus , que cette plante acquiert en Alsace un vigoureux développement et atteint de 4 à 5 mètres de hauteur ; mais comme à Paris , à Lyon , en Dauphiné, dans le département de l'Ain et généralement sous tous les climats analogues à celui de l'Alsace , la graine n'a jamais pu arriver à maturité.

Quant au Tsing-Mà , semé au commencement d'avril, sur plusieurs points du département de l'Hérault , il n'a levé nulle part , la température trop fraîche du printemps et les gelées tardives n'ayant pas permis à la graine de germer ; mais de seconds semis exécutés le 25 mai ont parfaitement réussi , tant au Jardin botanique qu'à Castelnau. La plante a pris son développement normal, et les plants s'étant trouvés espacés , leurs tiges sont devenues trop fortes et en partie branchues , ce qui a nui considérablement à la qualité des filasses. Toutefois les graines n'en ont été que plus abondantes ; nous les avons recueillies au commencement de novembre.

La culture de l'*Urtica nivea* n'a donné lieu à aucune observation nouvelle qui mérite d'être mentionnée.

## CONCLUSIONS

*Relativement à la culture des plantes textiles dont il est fait mention dans ce Mémoire.*

*Du Lo-Mà. (Cannabis gigantea.)* Il est démontré pour nous que le Lo-Mà est une variété de chanvre très-distincte du chanvre vulgaire ; qu'il peut être cultivé avec succès dans toute l'étendue de la France *pour sa filasse,* mais non pour sa graine, qui ne parvient à maturité que dans les climats favorables à l'olivier, et où , comme dans le midi de la Chine , il pourra rester sur pied sept à huit mois de l'année , laps de temps nécessaire pour la maturation de la semence ; qu'il brave dans les pays où il graine les gelées tardives de la fin de mars , et dans les autres contrées de la France celles de la deuxième quinzaine d'avril ; qu'en conséquence , il doit être semé fin mars dans les pays d'oliviers , et vers le 15 avril , dans le reste de la France ; qu'il donne partout vers la fin d'octobre une belle et bonne filasse et que , toutes choses égales d'ailleurs , c'est-à-dire à qualité égale de terre et de fumure , il doublera souvent , grâces à la hauteur de ses tiges , le rendement qu'on obtiendrait de la culture du chanvre vulgaire ; que, tout en aimant les terres fraîche , le Lo-Mà peut encore prospérer avec la sécheresse ; que la seule objection qu'on puisse faire à sa culture dans toute l'étendue de la France , c'est qu'il n'y graine pas partout. Mais cette objection a peu de portée , parce que rien n'empêchera le pays à oliviers de fournir la semence aux pays moins chauds. C'est ce qui se pratique déjà en France pour la graine de luzerne , et ce qui a lieu à l'égard du lin qu'on cultive en Irlande et dont l'Amérique du Nord est en possession de fournir la semence depuis bien des années , semence que les Irlandais payent avec leur toiles de lin ; les choses se réduisant ainsi à une division dans le travail , division aussi avantageuse en agriculture qu'en industrie ; qu'enfin , le climat le plus favorable à la reproduction de la graine de Lo-Mà serait celui de l'Algérie , et que la colonie pourrait trouver dans cette culture un produit à exporter, fort considérable.

*Du Tsing-Mâ.* Il est également démontré pour nous que le Tsing-Mà pourra être cultivé aussi bien pour la graine que pour la magnifique matière textile qu'il four-nit, dans les parties les plus chaudes de la France, telles que les terres basses du Languedoc, de la Provence et du Roussillon, et à plus forte raison en Algérie ; qu'il ne doit être semé que lorsque la terre a déjà été assez fortement réchauffée par le soleil de mai dans le midi de la France et d'avril en Algérie ; que le semis doit être dru, seul moyen d'obtenir ces beaux filaments com-posant la batiste de Canton et qui dépassent en finesse ceux de toutes les autres plantes textiles cultivées au-jourd'hui en Europe ; qu'il demande les meilleures ter-res, un sol humide et une riche fumure ; qu'enfin, pour l'Algérie en particulier, le Tsing-Mà offrirait un produit pour l'exportation, des plus recherchés dans les pays manufacturiers et notamment en Angleterre, où il s'im-porte déjà des quantités considérables de Tsing—Mà provenant de Chine.

*Du Chou-Mâ, Sji-ro des Japonnais (Urtica-nivea).* — Quant au Chou-Mà cultivé dans toute l'étendue de la Chine et du Japon et même en Corée, nous pensons qu'il peut l'être avec succès dans les régions tempérées et méridionnales de la France. Il conviendrait en con-séquence de faire, au moyen de boutures, de vastes plantations qui résisteraient à nos hivers, grâces à la précaution de couvrir les souches de feuilles mortes et de terre, et qui, dès la deuxième année, commence-raient à produire : que ces plantations, une fois en plein rapport, donneraient lieu chaque année, sans autre travail qu'un binage à la pioche, à deux et trois coupes de tiges très-riches en filaments, tenant, pour la finesse, le milieu entre la soie et le coton et susceptibles de remplacer ce dernier, au moyen de préparations appropriées ; qu'en raison du peu de soin qu'exige la culture du Chou-Mà, son produit serait peut-être celui de toutes les plantes textiles de l'Europe, qui présenterait le plus d'avantages sous tous les rapports ; qu'enfin, le Chou-Mà réussirait encore mieux en Algérie que partout ailleurs.

## CONCLUSIONS

*Relativement aux procédés de préparation des filaments.*

Nous pensons, en ce qui concerne le Lo-Mà et le Chou-Mà que le procédé chinois par la vapeur, et même le procédé mixte où le rouissage se combine à l'action de la vapeur, donneraient des filaments inférieurs en souplesse, en finesse et en ténacité à ceux obtenus par le procédé européen par le rouissage pur ; qu'en conséquence, il y a lieu de rejeter, quant à présent du moins, et, sauf nouvelles tentatives, le procédé chinois pour le traitement de ces deux plantes textiles.

Qu'à l'égard du Tsing-Mà, le procédé chinois par la vapeur offre de fort bons résultats ; mais que le rouissage a aussi ses avantages sous le rapport de l'assouplissement des filaments, et qu'en somme, les deux procédés peuvent répondre chacun à des besoins spéciaux de la filature et du tissage.

Quant au lin, l'emploi de la méthode mixte, qui consiste à soumettre cette plante textile à la vapeur pendant 6 à 7 heures, puis à une espèce de rouissage pendant 60 heures, présente des avantages incontestables sur l'opération pure du rouissage, au point de vue, sinon de la finesse et du soyeux, du moins de l'uniformité de la teinte, de la ténacité des fibres et du rendement. Que, grâces à son bas prix résultant de ce rendement avantageux, la filasse du lin, ainsi préparée, pourrait être substituée au chanvre dans la corderie ; que la résistance de tels cordages à l'action de la pourriture surpasserait de beaucoup celle des cordages de chanvre, et qu'enfin le procédé mixte permet de calculer exactement l'action de l'agent employé et de limiter cette action sur les filaments, ce qu'on n'est pas maître de faire par le rouissage dans les pays où les eaux sont les plus favorables à cette opération, et, à plus forte raison, dans ceux où les eaux lui sont contraires, en Zélande, par exemple, où beaucoup de lin se perd dans le rouissage.

Si, en publiant les observations qui précèdent, nous avons réussi à encourager de nouveaux essais sur la culture et la préparation des plantes textiles dont il s'agit, et poussé l'agriculture de notre pays dans cette voie, qui ne peut que lui être prospère, nous aurons atteint le but de tous nos efforts.

Extrait du Bulletin de la Société d'Agriculture de l'Hérault ( avril, mai et juin 1850. )

9 7 8 2 3 2 9 6 4 2 4 1 3